超訳論語

革命の言葉

THE ANALECTS OF CONFUCIUS:
WORDS OF REVOLUTION

エッセンシャル版

安冨 歩 編訳

Discover
ディスカヴァー

序

言葉は儚《はかな》い。


たいていの言葉は、すぐに消え去ってしまう。

私の言った言葉が誰かの魂に響き、その人のなかでその響きが消えずにいるということさえ、なかなかないことだ。

そのような言葉を、私はこれまでに一体、いくつ吐いたのだろうか。


もし私の言葉が、私がこの世を去った後にも残り、その響きが反復するとしたら、それは実に有難いことだ。

私はこれまでに、そのような言葉を、一つでも吐いただろうか。

私は生きている間に、そのような言葉を、一つでも吐けるのだろうか。

私の言葉が、私がこの世を去ったあとに、多くの人の心に残り、それが別の人に伝えられる、というようなことは、起きるのだろうか。

それが細々とではあれ口づてに伝えられ、百年継続する、というようなことが起きたら、それは奇跡だと思う。


しかし時に、そのような奇跡がおきる。

いや、それ以上の奇跡がおきる。

たとえば『論語』だ。


今を去ること二千数百年前に、孔丘《こうきゅう》という人物が吐いた言葉は、多くの人の心に響き、彼の死後もその響きは失われなかった。

そればかりか、それは更に多くの人々に響き、百年を経て文書に記録された。

その文書は、単に文書として残ったのではなく、多くの人の心に響き続けた。

その響きは、時代を下るに従って、より遠くまで響き、やがて東アジア全体に響きわたる声となった。

それはまったく、想像もつかないような奇跡である。

なぜそんな奇跡が起きたのだろうか。

それは、孔子の言葉が、人間の真実に届いていたからだ。

読み取られた真実と共に、読み取られることなく伝わった真実が、人々の心を震わせてきたからだ。


論語の言葉から真実を聞き取るには、二つの方法がある。

ひとつは客観的な方法である。

それは、二千数百年前の、孔子が生きた時代がどのようなものであったのかを、文献や考古学の資料に基いて推定し、その上で、論語を資料として読む、という方法である。


この方法ではしかし、言葉の意味を確定することはできない。

それは、言葉というものが、そういう性質を持っているからである。

別に古代の言葉でなくともそうである。

たとえば私が「言葉は儚い。」と言ったのは、一体、どういう意味で言ったのか。その正確な意味を読み取ることは、誰にもできない。その言葉を吐いてしまった後の私自身にさえ、吐いた瞬間に何を考えていたのかは、もうわからない。

正確な意味を汲み取る、というのは、人間にはできない相談である。それゆえ、孔子が言った言葉の本当の意味を客観的に措定することなど、決してできない。

それでも客観的方法には大きな意味がある。

そのひとつは、ある言葉が意味していないことを明らかにできる、ということである。

たとえば現在では、「忠」という言葉は「主君や国家にひたすら尽くすこと」という意味で受け取られている。しかし「ひたすら尽くす」というような意味は、後代に生じたものであって、孔子・孟子の時代には、そのようには用いられていなかった。

この歴史的事実を知らなければ、孔子の「忠」という言葉を正しく受け止めることはそもそもできない。

もうひとつは、その言葉が元来意味した内容を明らかにできることである。

たとえば「恕」という字が、「如」と「心」とから成っており、その「如」が「巫女＋祭器」という象形文字の組み合わせであって、巫女が神託を受けようとしている姿だ、という白川静（一九一〇〜二〇〇六年：漢文学者）の学説を知れば、その解釈の方向をより合理的に求めることができる。

これが客観的方法の重要な意義である。

客観的方法では達成できない意味そのものの把握は、主観的方法によらざるをえない。

それは真実の込められた言葉を、一人の人間として身体で受け止め、それが完全に納得できるまでしっかりと抱く、という方法である。

そうしてその言葉が、私自身の身体に響くのを待つのである。

実のところ、言葉の意味を知るには、それ以外の方法はない。

もちろん、それには、多くの客観的知識の助けを必要とするが、それでも、聞くことなしには、響きは聞こえない。


本書は、私自身が、この世界を生きるためのよすがを求めて、論語の言葉の響きを聞き取った、その報告である。

論語という、二千数百年という時間を越えてこの私に届いた奇跡の言葉には、人々の心を響かせてきた、何かがあるはずだ。

私はその何かを聞こうとして、多くの知識を蓄えつつ、耳を澄ませてきた。

その響きを本書ではお伝えしたいと思う。


もちろん本書は、徹底して客観的たらんとしつつ、同時に、徹頭徹尾、主観的な書物である。

それゆえ、ここに書かれていることを、決して鵜呑みにしないで頂きたい。

一つ一つの言葉が、役に立てば役に立て、役に立たなければ、捨てて欲しい。

そして、論語について何かを誰かに言いたい、と考えたなら、必ず原文に当たり、本当に私が聞き取った響きが聞こえるかどうか、読者自ら確認してほしい。

もし違った響きが聞こえたら、それがあなたにとっての論語なのであり、その響きを大切にして欲しい。

本書はそのための手がかりに過ぎないのである。

＊　＊　＊

私は論語の思想を、次のように捉えている。

「学習」という概念を人間社会の秩序の基礎とする思想である。


論語の冒頭は、「学んで時にこれを習う、亦たよろこばしからずや。」という言葉である。この言葉に、論語の思想の全ての基礎が込められている、と私は考える。

人間にはなにかを学びたい、という好奇心がある。その好奇心によって外部から知識を取り入れても、その段階では自分自身のものになっておらず、そればかりか、取り入れたものに自分自身を譲り渡す格好になっており、「振り回され」ている。

それが修練を重ねていると、あるときふと、しっかりと自分のものになる瞬間が訪れる。このとき、学ぶ者は学んだことに振り回されるのをやめて、主体性を回復する。これを「習う」という。

そうなったとき、人は、大きな喜びを感じる。人間は、そういう生き物である。この「学習」のよろこびに孔子は、人間の尊厳と人間社会の秩序との根源を見た、と私は考えている。

学習回路を開いている状態が「仁」であり、仁たり得る者を「君子」と呼ぶ。

このような「学習」の作動している状態が「仁」であり、それができる人を「君子」と呼ぶ。君子は、自分の直面する困難を学ぶ機会と受けとめて挑戦し、何か過《あやま》ちを犯せば、すぐに反省して改める。このような学習を通じて変化し、成長するのが、君子のあり方である。

もちろん君子は、他者の過ちに寛容であり、そこからの学びを促そうとする。しかし世間は往々にして、人間を型に嵌《は》めて「器」として使おうとして圧力を掛けてくる。それに負けて固定した「器」になってしまうと、もはや学習回路は停止し、君子ではなくなってしまう。「君子は器ならず」という言葉はそういう意味である。

それゆえ君子には、如何なる圧力にも屈しない「勇」が必要である。どんな状況でも、命を脅かされたとしても、自分自身を見失わず、学習過程を守りぬき、自らの心の中心にいる状態が「忠」であり、心のままに偽らない姿が「恕」である。「忠恕」の状態にあるときに、君子の前には進むべき「道」が広がっているので、道の「選択」を迫られることがない。その道を進むなかで見えてくる為すべきことが「義」である。

「仁」の基礎は「孝」であり、「孝」の基礎は親が子に与える「三年の愛」である。

「仁」たりうる人は、心の平安を得ている人である。それは自らに対する信頼がなければ不可能である。人が自分を信頼しうるようになるには、幼少期に無条件の「三年の愛」を両親から与えられている必要がある。そうすると、その子もまた自然に両親を愛するようになる。これが「孝」である。それゆえ「孝」が仁の元だ、と言われるのである。

「孝」は、親から子へと与えられる慈愛を基礎としており、そこから自然に生まれる感情であり、それが社会秩序の基礎となる。親が子供を愛することができず、子供が「孝」とならない社会は崩壊してしまう。「孝」たりえない者が無理に親孝行しても、それはやっているフリに過ぎず、そのようなものは、社会秩序の基礎たり得ない。

「学習」回路を開いている者同士の間でコミュニケーションが成り立つ。

対話者の双方が学習回路を開いていると、双方は共に学び合いながら成長していく。このようにして達成される調和を「和」という。「和」であることによってはじめて、本当の意味でのコミュニケーションは成立する。そのとき、両者のやりとりのありさまを、「礼」にかなっている、と言う。「礼の用は和を貴しとなす」という言葉はこのことを意味している。

学習回路を閉じた者が、いくら礼儀作法に叶ったことをしても、それは慇懃無礼なだけであって、「礼」とは言えない。「礼」が横溢している場で人々が言葉を発するとき、その言葉に偽りはなく、それぞれの心と一致している。言葉と心とが一致している状態が「信」である。

君子は「和」を実現する相手とは仲良くするが、誰とでも仲良くするのではない。君子は、学習回路を停止させようとする者には敢然として立ち向かい、悪《にく》むことができる。それゆえ、善人からは好まれるが、悪人からは嫌われる。

君子は他人と意見を対立させることを恐れず、激しい「乱」を生みだすが、それは「義」にもとづく本気の応答であって、それゆえ最終的に相手と心を通わせて、高次元の「和」を生みだすことができる。

学習回路の閉じている状態が「悪」であり、そういう者を「小人」と呼ぶ。

論語では「仁」ではなく、学習回路の閉じている状態を「悪」と呼ぶ。そして君子とは逆に、学習回路が閉じている者を「小人」と呼ぶ。

小人は情報収集に余念がなく、情報や知識をかき集めて保身をはかろうとする。小人には「道」がみえないので、いくつもの選択肢の中から最適な道を選ぼうとして「惑」う。しかし、自分の選択が本当に最適かどうかは、人間にはわからないので、必然的に怯え、うまくいかないと僻《ひが》んだり、拗《す》ねたりする。自分自身を信じることが出来ないので、常に評価を気にしており、人と自分とを比べようとする。

君子は過《あやま》てば改めるが、小人にはそれができないので、過つと言い訳や隠し事をする。小人は誰か力のある者からひどい扱いを受けると反発できないので我慢し、腹いせに、弱い者に八つ当たりする。小人は対立が苦手であって、「乱」をおそれる。それゆえ何らかの記号や意見や形式や規則を共にすることで同調し、「乱」を防ごうとする。これを「同」という。「君子は和して同ぜず、小人は同じて和せず」というのはそういう意味である。こういう同調は長続きしないので、やがて亀裂が生じ、小人は仲間を裏切ることになる。これを「盗」という。

私は、このような論語の思想は、現代の日本社会でなんとなく「正しい」と考えられていることをことごとく否定し、まったく異なった倫理を体系的に提示しているように思える。『論語』は、古臭い保守的な書物ではなく、衝撃的で前衛的な革命の書だと、私には思えるのである。

＊　＊　＊

このような論語の思想は、既に拙著『生きるための論語』（ちくま新書）で詳述したものである。またそこから引き出された思想を、『生きる技法』（青灯社）において、体系的に示した。本書は、このような観点から論語を読みなおして、この方向で読める部分を集めたものである。そのなかで私は、論語が、私自身がかつて思っていたよりも、一層、体系的な一貫した作品である、と考えるようになった。本書は、その一貫性が顕《あらわ》になるように「超訳」している。

しかしその一方で、本書が論語の全てを含んでいない、ということは、ここで提示した思想にとって重要ではない箇所を削ったばかりか、この方向では読めない箇所、矛盾する箇所を無視したことを意味する。それゆえ本書は、論語の思想を紹介したもの、とは言えない。そうではなくて、今を生きるために私自身が、論語から聞き取った響きをお知らせするものである。それゆえにこそ、私は、本書が読者のみなさんが、生きるために自ら考え抜く助けになるものと信じている。

＊本書は２０１２年12月に刊行された『超訳 論語』より１７０の言葉を厳選し、文庫エッセンシャル版として再編集いたしました。

登場人物一覧（五十音順）

哀公《あいこう》……魯《ろ》の国の君主。

顔回《がんかい》……孔子の門人。最も愛されていた。顔淵ともいう。

季康子《きこうし》……魯の国の重臣。

季文子《きぶんし》……魯の国の重臣。

堯《ぎょう》……古代の理想的な聖天子。

孔子《こうし》……春秋時代末期の思想家。諱《いみな》は丘、字《あざな》は仲尼《ちゅうじ》。
孔子と門人たちの言行録が「論語」。

宰我《さいが》……孔子の門人。

左丘明《さきゅうめい》……よく分かっていないが、有名な人だったという。

子夏《しか》……孔子の門人。

子貢《しこう》……孔子の門人。

子産《しさん》……鄭《てい》の国の名宰相。

子張《しちょう》……孔子の門人。

司馬牛《しばぎゅう》……孔子の門人。

子游《しゆう》……孔子の門人。

周公《しゅうこう》……魯の国の始祖。孔子が理想とする人物。

舜《しゅん》……古代の理想的な聖天子。

葉公《しょうこう》……楚の国の葉県の長官。

子路《しろ》……孔子の門人。季路、由ともいう。

冉求《ぜんきゅう》……孔子の門人。冉有ともいう。

曾子《そうし》……孔子の門人。

曾晳《そうせき》……孔子の門人。

仲弓《ちゅうきゅう》……孔子の門人。

定公《ていこう》……魯の国の君主。哀公の先代。

甯武子《ねいぶし》……衛の国の重臣。

伯牛《はくぎゅう》……孔子の門人。

微生高《びせいこう》……魯の国の人。

武王《ぶおう》……周の文王の子。殷王朝を倒して周王朝を立てた。

孟之反《もうしはん》……魯の国の重臣。

有子《ゆうし》……孔子の門人。

本書の各文は、ほとんどが孔子の言葉である。
孔子以外の言葉に限って冒頭に「有子は言った」「曾子は言った」等と記してある。

超訳論語　革命の言葉　目次

CONTENTS

序

I

学ぶことは危険な行為だ

学而篇より

Ⅲ
「仁」であるとは美しいことだ
八佾篇、里仁篇より

Ⅳ

楽しもう

公冶長篇、雍也篇より

V

任務は重く、道は遠い

述而篇、泰伯篇より

Ⅵ

志は奪えない

子罕篇、先進篇、顔淵篇より

Ⅶ 正直者とは

子路篇より

Ⅷ

他人を批判する暇はない

憲問篇より

121 言葉を柔らかくする
122 小人に仁はない
123 貧乏をうらまないのはむずかしい
124 言うべきことを言え
125 君子と小人の方向の違い
126 自分自身のために学べ
127 言葉の歪みが行いの過ちにつながる
128 君子の三つの道
129 他人を批判する暇はない
130 賢いとはどういうことか
131 こだわるのが嫌い
132 能力ではなく徳が誉められる
133 怨みに対しては正直さで報いる
134 不可能と知りながら目指す人

Ⅸ

考えない者には教えられない

衛霊公篇より

X

有益な友だち、有害な友だち

季氏篇、陽貨篇、子張篇、堯曰篇より

原文

I

学ぶことは危険な行為だ

学而篇より

学ぶことは危険な行為だ

何かを学ぶことは、危険な行為だ。

なぜならそれは、自分の感覚を売り渡すことになるから。

しかし、学んだことを自分のものにするために努力を重ねていれば、あるとき、ふと本当の意味での理解が起きて、自分自身のものになる。

学んだことを自分自身のものとして、感覚を取り戻す。

それが「習う」ということだ。それはまさに悦びではないか。


（学而第一 1-1）

—

002

学習の悦びほど大切なものはない

学習の悦びは、しばらく連絡もしていないような旧友が、遠くから突然訪ねてきてくれたような、そういう楽しさではないか。

この悦びほど、人間にとって大切なものはない。

（学而第一 1－2）

—

学習の悦びを知らない人に心を乱されるな

学習の悦びを知っている人は、それを知らない人を見ると、

「なんてくだらないヤツだ」

と思ってしまいがちだ。

しかし、そういうときにも、心を乱されないでいる人が、「君子」なのだ。


（学而第一 1－3）

—

004

父兄の愛は父兄への愛につながる

有子は言った——

父兄の愛に恵まれて育った人は、自分も彼らを愛するようになる。

そして自ずと孝悌になり、父兄を大切にし、素直に従うようになる。

だからこそ、そういう人は、父兄に対して何もはばかることなく、臆することもなく、自分の考えを素直に言うことができるのだ。

（学而第一 2-1）

父兄に対して思いを素直に伝えられる人は

有子は言った――

父兄に対して孝悌で、自分の思いを素直に伝えられる人なら、世の中に出ても、目上の人に向かって、自分の考えを臆することなく、また失礼になることもなく、言うことができるのだ。

しかし残念ながら、そういう人は少ない。

（学而第一 2―2）

目上の人に自分の考えを素直に、失礼にならないように述べる

有子は言った――

目上の人に、自分の考えを素直に、しかも失礼にならないように述べるのは簡単ではない。

その簡単でないことをできる者だけが、自分の信念にしたがって、命がけで仲間と意見を戦わせ、そのなかから高い次元の調和を生み出すことができる。

これこそが君子にふさわしい行動だ。前者ができずに後者ができた者は、いまだかつて存在しない。

（学而第一 2-3）

自分の存在の根本にあるもの

有子は言った――

君子は、自らの存在の根本にしたがって務めを果たす。自分の存在の根本がしっかりしてこそ、そこから自分のたどるべき道が生じる。それが仁だ。父兄に愛され、自らも孝悌であるような者こそが、仁たりうる。

実に、孝悌こそは、仁を実現するための根本なのだ。

（学而第一 2-4）

008

仁ではありえない人間とは

口がうまくて表情をうまくつくれる人間が、仁だということはありえない。

（学而第一 3）

毎日、三つのことを反省する

曾子は言った――

私は毎日、わが身を振り返り、三つのことをしていないかどうか、いつも反省している。

①目上の人のために奔走するあまり、自分自身を裏切ってはいないか。

②友だちに調子を合わせて、心にもないことを言ってしまったのではないか。

③十分に身についてもいないことを、軽々しく受け売りして目下の者に伝えてはいないか。

(学而第一 4)

ありのままの自分自身でいるために

君子は、常にありのままの自分自身でいなければいけない。言葉と心とが一致していなければいけない。

だから、自分をごまかしているような人間を友としてはいけない。そんなあやまちを犯したら、はばかることなく改めるべきだ。

（学而第一 8）

礼は形式ではない

有子は言った――

礼というのは、形式ではない。双方が互いに心を開き、調和のとれた関係が成り立っていることを「和」と言い、その状況でとり交わされるコミュニケーションが、必然的に礼にかなったものになっているのだ。

（学而第一 12-1）

—

012

すべてを礼によっておこなう

有子は言った——

人類の社会に礼をもたらした先王の道は、礼こそが美しいとした。かくて、小さいことも大きいことも、礼によってとりおこなった。われわれもその道に従うべきだ。

（学而第一 12－2）

「信」と「義」

有子は言った——
自らの心のありさまと、言葉とを一致させることが「信」である。
自らの進むべき道を進むと、おのずから為すべきことがわかる。それが「義」である。
「信」がそのまま「義」となっている人の言葉は、必ず実現する。

（学而第一 13-1）

「恭」と「礼」

有子は言った――

相手に対して敬意を表すことを「恭」という。

人と人との間に調和がとれているときのコミュニケーションを「礼」という。

「恭」が卑屈にならず、凜として「礼」に近いなら、人から侮辱され、恥をかくことはない。

（学而第一 13-2）

自分を知れ

「他人が自分を知《わか》ってくれない」なんてどうでもいいことだ。
「自分で自分を知《わか》ろうとしない」ことが問題なのだ。

（学而第一 16）

II

「知る」とはどういうことか

為政篇より

十五歳で学ぶことに志した

私は十五歳で学ぶことに志した。それは、外にある知識を自分のものとするために、いったん、自分の感覚を明け渡す賭けでもあった。

（為政第二4―1）

017

三十歳になって

三十歳になってようやく、学んだことを自分のものにして、自分自身の感覚を回復し、自分で立つことができるようになった。

(為政第二4―2)

018

四十歳になって

四十歳になって、それまでの自分が、進むべき道がわからずに惑っていたに過ぎないことを思い知った。そしてようやく、進むべき道が自分の目の前に広がっていることに気づいた。

（為政第二4－3）

五十歳になって

五十歳になって、自分がなぜ「学ぶ」という危険な賭けに出る必要があったのか理解した。それは天が私に命じたことだったのだ。そして、天が私に与えた運命を思い知った。

（為政第二4−4）

六十歳になって

六十歳になって、私の耳に飛び込んでくる人々の発する言葉が、それ自体としては何の意味もないことに気づいた。そして、その言葉を発している人の魂の声を、率直に聞きとることができるようになった。

（為政第二4-5）

七十歳になって

七十歳になって、これまで学んだすべてのことを自分の身体に統合し、自分の心が欲するところに従うことがそのまま道なのだ、と感じられるようになった。

（為政第二4−6）

—

022

自分の思い込みを打破せよ

すでに起きたことの意味を理解し、常に自分の思い込みを打破して、新しい事態をそのままに理解して対応できるなら、大軍団を率いる司令官となるにふさわしい。

（為政第二11）

自分を新しくしていく

学習回路が開いた君子は、状況に応じて自分を新しくしていくことができる。固定した機械などではない。

（為政第二12）

自分を人と比べない

君子は、自分で自分のありさまを見ていて、人と比べない。小人は人と比べてばかりで、自分で自分のありさまを見ない。

（為政第二14）

学ぶことと考えること

何かを学んでも、それが何であるかを自分で考えなければ、学んだことにとらわれてしまう。とはいえ、何も学ばないで、自分で考えているばかりでは、堂々巡りして、知性が死んだようになってしまう。

（為政第二15）

異質な考えを排除するな

異端を攻撃するのは、害があるばかりだ。異端を排撃し、皆が同じことを考えるようになると、その考えが原因となって、うまくいかなくなった場合に、うまくいっていないということさえも、認識できなくなってしまうからだ。

（為政第二16）

「知る」とはどういうことか

子路よ。お前に「知る」ということを教えよう。「知っている」ことを「知っている」と認識し、「知らない」ことを「知らない」と認識する。これが「知る」ということだ。

（為政第二17－1）

028

「知っている」と「知らない」の区別をつける

「知っていること」と「知らないこと」との区別がついていることこそが「知る」ということだ。「わからない」ということがわからない限り、ものごとを知るということはできない。

（為政第二17－2）

029

人を服従させるには

哀公が尋ねた。

「どうすれば人民は従うだろうか？」

孔子は答えた。

「心のまっすぐな人をひきたてて、心の曲がった人の上に置けば、人民は従います。心の曲がった人をひきたてて、心のまっすぐな人の上に置けば、人民は従いません」

（為政第二19）

030

やるべきだと感じることをしないのは

自分がまつるべきでない霊を、諸般の事情を考慮してまつるなら、それはへつらいだ。自分がやるべきだと感じることがあるのに、諸般の事情を考慮してそれをしないなら、それは勇気がないということだ。

（為政第二24）

III

「仁」であるとは美しいことだ

八佾篇、里仁篇より

「仁」でなければ礼儀作法も無駄になる

その人となりが「仁」でないなら、どんなに細かく礼儀作法に気をつけても、人とのやりとりが失礼なものになってしまい、いろいろとこじれるものだ。

（八佾第三3）

―

032

礼を学ぶことこそが礼

孔子が魯国の始祖周公を祀る大廟に入った。礼の大家とされる孔子が来るというので、廟の儀礼の関係者は緊張し、手ぐすねひいて待っていた。

ところが孔子は、廟にやって来ると、礼についての知識をひけらかすどころか、そこで行われる儀礼ひとつひとつについて質問し、教えを受けると感謝してまた質問するということを繰り返した。これを見てある人が言った。

「鄹《すう》の役人の倅（孔子のこと）が礼を知っているなんて、誰が言ったんだ。大廟に入ってひとつひとつ質問していたぞ。礼など知りはしないんだ」

これを人づてに聞いた孔子はけげんな顔をしたが、しばらくして何を言われているのか理解して言った。

「礼とは何かを探求することが、礼なのだが」

（八佾第三15）

033

大切なのはみずから改めること

起きてしまったことをとやかく言わない。
やってしまったことを後から批判しない。
過ぎてしまったことをとがめない。
そんなことをしてもすべて無駄だ。
大切なのは、みずから改めることなのだから。

（八佾第三 21）

仁であることは美しいことだ

仁であることは、それ自体が美しいことだ。進むべき道を選択しようとするのは、それ自体、もはや仁ではありえない。仁でいるなら、まっすぐな分岐なき道が、きみの前に広がっているはずだからだ。

仁でなくて、どうして進むべき道を知ることができようか。

（里仁第四 1）

035

仁でないと楽しくない

仁でない者は、人との信頼関係を長く維持することができない。人との信頼関係が崩れてしまうと、心楽しくはいられない。それゆえ仁でない者は、心楽しい状態を長く維持することができない。

（里仁第四 2–1）

036

「仁」と「知」

仁は、仁であることそれ自体が安定性の根拠である。知は、仁によって支えられる。

（里仁第四2−2）

仁でないと人の好悪がわからない

ただ、仁である者だけが、好むべき人を好むことができ、憎むべき人を憎むことができる。仁でなければ、誰を好み誰を憎むべきか、感じることができない。

（里仁第四3）

—

038

仁を本当に志しているなら悪ではあり得ない

本当に仁に志しているなら、もはや仁なのであって、悪ではあり得ない。なぜなら、仁とは学習回路の作動であり、悪とは学習回路の停止を意味するからだ。

（里仁第四4）

039

うまくいくことの危険性

金持ちで地位が高いというのは、誰でもあこがれるところだ。とはいえ、自らの進むべき道を進まずに、そういうものを得てしまうのは危険である。なぜなら、自らの進むべき道に戻るためには、その地位にはとどまっておれないからだ。成功を犠牲にしないと道に戻れない場合には、進むべき道に戻るのは難しい。

貧しくて地位が低いというのは、誰でもいやがるところだ。とはいえ、自らの進むべき道を進まずに、そういうことになったとしても、恐れることはない。なぜなら、自らの進むべき道に戻るためには、そのままの状態でいたのではうまくいかないからだ。自らの進むべき道に戻れば、自ずから、その状態から抜け出すことになる。

（里仁第四 5-1）

040

君子は常に仁でいられる

君子であろうとしても、仁を失ってしまえば、それはつまり悪として名を成すことにつながる。君子たる者は、日食や月食のような不吉な時でも怯えたりせず、始めから終わりまで仁から離れることはない。急変の事態においても必ず仁のままであり、突然に不運が襲ってきても、仁のままでいる。

（里仁第四5－2）

私は見たことがない

私は、仁を好む者など、見たことがない。なぜなら、仁でないものには、仁が何かわからないので、仁を求めようがないからだ。仁を好むというのは、不可能なことなのだ。

私は不仁を憎む者なら、見たことがある。仁を好んだところで、得るものは何もないが、不仁を憎むことは、そのまま仁を為すことである。そうすれば、不仁が身につくことを防御しうる。

一日でもその力を仁に尽くし得る者があるとしよう。やってみたが力が足りなかった、という者を私は見たことがない。もしかしたらそういう者がいるのかもしれないが、私は見たことがない。

（里仁第四6）

042

過ちはその人のタイプを反映している

人の犯す過ちは、それぞれの人のタイプを反映している。
その過ちをよく見れば、その人がどういうタイプの人かわかるものだ。

（里仁第四7）

進むべき道を聞いたなら

ある日の朝に、進むべき道を教えてくれる啓示を聞いたなら、その日の夕べに死んでもかまわない。なぜなら進むべき道を知ることが、生きるということの本質なのだから。

（里仁第四 8）

君子は傍観者ではない

君子が天下のことに対するにはどうするか。「これはいい」とか「あれはダメだ」とか、傍観者になってコメントするのではなく、意義のあることをやろうとする人々と共に進む。

（里仁第四10）

利益ばかり考えるな

利益ばかり考えて行動すると、怨まれることが多くなる。

（里仁第四12）

最も大切なひとつのこと

孔子が、曾子に向かって言った。

「わたしの道は、ひとつのことに貫かれているのだ」

曾子は、「はい」と言った。

孔子が出ていくと、門人が曾子に「何のことですか」と尋ねた。

曾子は言った。

「先生の道は、ただ忠恕だけです」

（忠は己の真心にそむかないこと。恕は己の真心のままでいること）


（里仁第四15）

君子は「義」、小人は「利」

君子は「義」すなわち「何をなすべきか」をまず考える。
小人は「利」すなわち「何をしたら得か」をまず考える。

（里仁第四16）

賢者を見るとき

賢者を見ると、「自分もこうなりたい」と思い、賢ならざる者を見ると、「自分はまさにこうだな」と反省する。

（里仁第四17）

軽々しく言葉にするな

古の人は思ったことを軽々しく言葉にしなかった。我が身のありさまがそれに追いつかないことを恥じたからだ。

（里仁第四22）

050

信頼関係を大切にする

人との信頼関係を大切にして、ひどい目にあうことはまれだ。

（里仁第四23）

051

口は重く、腰は軽く

君子たる者、口は重いが腰は軽いというのがいい。

（里仁第四24）

徳のある者は孤立しない

徳のある者は孤立しない。必ず仲間がいる。

（里仁第四25）

口うるさくすることの害

子游は言った——

主君に仕えて口うるさくすると、痛い目にあう。友人に口うるさくすると、つきあってもらえなくなる。

（里仁第四26）

IV

楽しもう

公治長篇、雍也篇より

弁が立つ必要はない

ある人が言った。

「仲弓は、仁ではあるが、佞《ねい》（弁が立つ）ではないのが惜しいな」

これを聞いて孔子は言った。

「なぜ弁が立たなければいけないのか。口先で人に対応していたのでは、頻繁に憎まれることになるばかりだ。仲弓が仁かどうかは知らないが、弁が立つ必要などない」

（公冶長第五 5）

他人がどう感じるかを考えるのは危険だ

子貢が言った。

「自分が人にやってほしくないと思うことは、人も私にやってほしくないでしょうから、やらないようにしようと思います」

孔子が言った。

「他人がどう感じるかは、君の身体の及ぶところではない。それを感じようとすると、君の感覚を他人に譲り渡すことになってしまう。それはとても危険なことだ」

（公冶長第五12）

―

056

語りえないものについては語らない

子貢は言った――

先生のお話は、誰でも聞くことができる。しかし先生は、天の道理や人間の本性といった「語りえぬ」ものについてお話なさることはなく、そんな話は、誰も聞くことができない。

（公冶長第五13）

考えすぎるのもよくない

魯の国の重臣であった季文子は、三度熟慮して、ようやく実行した。孔子はそれを聞いて言った。

「二度考えたらそれで十分じゃないか」

（公冶長第五 20）

うわべを取り繕うな

誰が微生高をまっすぐな人間だと言ったのか。ある人が酢を借りに来たとき、酢を切らしていたので、隣から貰ってきて与えたというではないか。そんなにしてまでうわべを取り繕うのは、まっすぐな人間だとは言えない。

（公冶長第五24）

私が恥とすること

「言葉巧みで、顔つきを取り繕い、足取りまで恭しい」というのを、左丘明という人は恥とした。私もまたこれを恥とする。

怨みを抱いているくせに、それを押し隠して友だち付き合いをすることを、左丘明は恥とした。私もまたこれを恥とする。

（公冶長第五25）

志はどこにあるか

顔淵と子路とが孔子とともにいたとき、孔子が言った。

「それぞれの志を話してみないか」

子路が言った。

「私は、車や馬や毛皮の外套を友だちに貸してやって、それを傷つけられてもクヨクヨしないような、そういう寛大な人間でいたいと思います」

顔淵が言った。

「善いことをしても自慢せず、人に苦労をかけないようにしたいと思います」

子路が孔子の志を尋ねた。

孔子が言った。

「老人には心安らかでいてもらい、友人とは互いに信頼しあい、若者には慕われる。そういう者でありたいと思う」


（公冶長第五26）

190

私くらいよく学ぶ者はいない

十軒ばかり家があるような村でも、忠と信が私程度であるような人は必ずいるはずだ。しかし、私くらいよく学ぶ者はいないだろう。

（公冶長第五28）

よく学ぶ者とは

哀公が尋ねた。
「あなたの弟子の中で、誰がよく学ぶといえますか？」
孔子が答えた。
「顔回という者がおりました。彼はよく学びました。
誰かから不当な扱いを受けたら、それを当人に向かってはっきりと言い、
弱い者に八つ当たりすることがありませんでした。
過ちを犯せば、必ず改めて、二度としませんでした。
不幸にして短命にして死にました。今はもうそのような者はおりません。
よく学ぶ者がいるとは、他にも聞いたことはございません」

（雍也第六3）

自分で自分の限界をつくるな

冉求が言った。

「先生の説かれる道を悦ばないのではありません。私の力が足りないのです」

孔子は言った。

「もし力が足りないのであれば、途中でやめているはずだ。お前はまだやめていないのだから、自分で自分をダメだと思い込んでいるだけだ」

（雍也第六12）

自慢をしないことの価値

魯の国の大夫、孟之反《もうしはん》は自慢をしないところが立派だ。軍が敗走したときに、いちばん大変な殿軍《しんがり》をつとめた。ようやく城門にたどり着いたときに、その馬を鞭打って言った。

「殿軍をつとめようと思ったのではない。馬が進まなくて仕方なくそうなったのだ」

（雍也第六15）

身体感覚と知性

身体感覚が知性を圧倒していると、野人となる。
知性が身体感覚を圧倒していると、官僚的になる。
身体感覚と知性とが、ともに生き生きしていてこそ、はじめて君子といえるのだ。

（雍也第六18）

生きているのは幸運なだけ

人は、魂に何の歪みもない「直」の状態で生まれてくる。

これが世間の常識などによってがんじがらめになって自分を見失ってしまう。自分を見失っているにもかかわらず、罪を犯したり、誰かに陥れられたりせずに、平穏無事に生きているとすれば、それは運良く、ひどい事態を免れているだけだ。

（雍也第六19）

067

楽しもう

「知っている」よりは「好む」ほうが上だ。
「好む」よりは「楽しむ」ほうが上だ。

（雍也第六20）

「知」と「仁」

知者は水のような流れを楽しむ。
仁者は豊かな命を育む山を楽しむ。
知者は動き、仁者は静かである。
知者は楽しみ、仁者は祈る。

（雍也第六23）

「仁」と「聖」

子貢が孔子に尋ねた。

「もし人民に広く恵みを施し、民衆を救済することができれば、どうでしょう、仁ということができますでしょうか」

孔子が答えた。

「そんなことができたら、仁どころではなくて、聖だよ。古の聖帝といわれる堯舜でさえ、それがなかなかできずに悩んでいたのだから」


（雍也第六30－1）

人間関係の法則

仁者は、自分が自立するということが同時に友だちを自立させるということであり、自分が目的を達成するということは友だちが目的を達成することと不可分だという、人間関係の法則をしっかり踏まえているものだ。

（雍也第六30－2）

V

任務は重く、道は遠い

述而篇、泰伯篇より

私の心配事

徳を自分の身につけられないこと。学んだことの意味がわからないこと。為すべきことがわかっているのに、それに従い得ないこと。善くないとわかっていることが、改められないこと。これらが私の心配事である。

（述而第七3）

道を突き進む

自らの身体の教える道をひたすらに進もうと決意し、その道を自らの魂の力によって突き進み、次々と生じる事態の一つ一つから学んで成長し、必要となる知識や技芸を自由自在に駆使すべく身につける。これが大切だ。

（述而第七6）

富や地位を得ることのはかなさ

簡素な食事をとって水を飲み、肘を枕に眠る。楽しみはそのなかにある。自分が為すべきだと思わないことをやって富や地位を得ることは、私には浮雲のようにはかないことに思える。

（述而第七 15）

私は意味を探求する者だ

私は、生まれながらに古の人の教えの真意をわきまえているような、そういう立派な者ではない。古の教えを好み、奔走してその意味を探求しているだけの者だ。

（述而第七19）

自分を導く者を見つける

私は誰か三人の人と一緒に行動すれば、自分を導く者を見出すことができる。

その振る舞いの中に素晴らしいことがあればそれに従い、善くないことがあれば、それを自分のなかにも見出して改める。

（述而第七21）

私は隠し事などしない

諸君は、私がなにか隠し事をしていると思うか。私は諸君に隠し事などしない。

私は、なにごとであれ、諸君らとともにしないことはない。これが私、丘という人間なのだ。

（述而第七 23）

—

077

孔子が教えたこと

孔子は四つのことを教えられた。
「文」すなわち、言葉による表現と伝達の技芸。
「行」すなわち、実践。
「忠」すなわち、言動にあたっては常に真心に従っていること。
「信」すなわち、言葉と心とが一致していること。

（述而第七 24）

自分を見失わない

聖人となると、私は見たこともない。君子なら実際に見ることが可能で、きみが実際にそうなったらすばらしい。

善人となると、私は見たこともない。いつも自分を見失わないでいる「恒ある者」なら実際に見ることが可能で、きみが実際にそうなったらすばらしい。

なにも無いというのに、有るかのように見せかけ、からっぽだというのに、満ちているように見せかけ、困窮しているというのに豊かなように見せかける。

人はどうしてもそういう見せかけをやりがちであって、いつも自分を見失わないでいるというのは、むずかしいことだ。

（述而第七25）

「知る」ことと「お勉強」の差

知るという学習の過程を作動させずに、知識を得たフリをしている人がいるものだが、私はそんなことはしない。

そういう人は、多くのことを聞いて回り、その中から善さそうなものを選択してそれに従い、多くのものを見て回って、これを覚えておく。

こんな「お勉強」は、「知る」ということに比べれば二の次だ。


（述而第七 27）

仁でありたいと思ったらすでに仁だ

仁は遠いものだろうか。いやそうではない。仁は学習過程を開くという態度のことなのだから、私が仁でありたい、と思ったなら、それはもはや仁がここにある、ということだ。

（述而第七 29）

君子と小人の違い

君子は心が平安でのびのびとしている。小人は不安で、クヨクヨしている。

（述而第七36）

「礼」でなければうまくいかない

態度がうやうやしくとも、それが表面的なものであって、人々との調和を生みだす「礼」でなければ、消耗するばかりである。

慎ましくとも、それが礼でなければ、びくびくとおびえることになる。

勇気があっても、礼でなければ、人間関係が乱れるばかりである。

心がまっすぐであっても、礼でなければ、人とぶつかることが多くなり、人間関係が狭くなってしまう。


（泰伯第八 2‐1）

083

君子の人間関係が人民に影響する

上に立つ者が頼るべき人を大切にすれば、人間関係が安定するので人々は安心し、そこから仁に目覚める者が現れる。

上に立つ者が昔からの知り合いをないがしろにし、適切に遇しなければ、人々もまた、人を裏切るようになる。

（泰伯第八 2-2）

084

こういう人になりたい

曾子は言った――

能力が高いというのに、傲慢にならず、能のないように見える者からも学ぼうとして問い、知識が豊富だというのに、驕慢にならず、知識が乏しいように見える者からも学ぼうとして問い、功績があっても、誇ったりせず、そんなものなど無いかのように振る舞い、実力があっても、奢ったりせず、力が無いかのように振る舞い、それゆえ、君主に対して率直に反対意見を述べても、刑罰を受けたりなどしない。

昔、そういう友だちがいた。

（泰伯第八5）

任務は重く、道は遠い

曾子は言った――

道に志す者は、心が開いており、しかも強くなければならない。
任務はなんと重く、道はなんと遠いことか。
仁であることを自らの使命とした以上は、その任務はなんと重いことか。
死ぬまでやめない。また遠いことではないか。

（泰伯第八 7）

086

何もかも台無しにする性格

たとえ、あの聖人、周公に匹敵するような才能の輝きがあるとしても、威張っていてケチだったら、それ以外のことは、まったく価値が無くなってしまう。評価する値打ちはない。

（泰伯第八11）

087

貧しさが恥となる時、豊かさが恥となる時

社会が正しく運営されているというのに、貧しく地位が低いというのは恥である。

社会が正しく運営されていないというのに、金持ちで地位が高いというのは、恥である。

（泰伯第八13）

088

関係ないことに首を突っ込むな

自分が当事者だと感じられないのなら、事態に首を突っ込んで何とかしようとしないほうがいい。

（泰伯第八14）

どうしようもない人

気性が激しいくせに、まっすぐではなく、子どもっぽいくせに、純真さがなく、純朴そうなくせに、言葉に裏表がある。そういう人間はどうしようもない。

（泰伯第八16）

VI

志は奪えない

子罕篇、先進篇、顔淵篇より

手放すべき四つのこと

孔子は、意・必・固・我という四つのことを拒絶していた。
意とは、事前にどうこうしてやろうという意図。
必とは、必ずこうしたいというこだわり。
固とは、思い込んでしまったことを変えられない頑固さ。
我とは、「私が私が」という自己中心主義。

（子罕第九4）

—

091

若い人々は期待できる

若い人々は、恐るべきだ。これからという人々が、今のわれわれに及ばないなどと、どうして言えようか。

（子罕第九23－1）

四十歳・五十歳になっても……

若い人々は恐るべきだ。とはいえ、四十歳・五十歳になっても、自らの進むべき道を聞くことができないでいる者は、もう恐るるに足りない。

（子罕第九23−2）

神聖な言葉を喜ぶだけでは

神聖な裁きの言葉には、従わないわけにはいかない。それを受けて自らのあり方を改めるのは、貴いことだ。

神聖なる儀礼の音楽や舞踏の言葉は、聞いて喜ばないわけにはいかない。その真意をたずねて理解しようとするのは、貴いことだ。

もし、喜ぶだけでたずねて理解しようとせず、従うだけで改めない、というなら、私にはどうしようもない。

（子罕第九24）

志は奪えない

大軍であっても、その司令官を奪い取ることができるが、たった一人の男であっても、その志を奪い取ることはできない。

（子罕第九26）

危機にこそ人間の真価がわかる

気候が寒くなってはじめて、松や檜が常緑樹であることがわかる。
危機になってはじめて、誰が真に力があるのかわかる。

（子罕第九29）

勇者と知者と仁者の違い

勇者とは、恐れない者のことだ。

知者とは、惑って自らの進むべき道を見失うことのない者のことだ。

仁者とは、自らの内からも、周囲の人の心からも、憂いをなくすことのできる者のことだ。


（子罕第九30）

ともにできる人

ともに学ぶべき人のなかに、ともに道を進むべき人がいる。

ともに道を進むべき人のなかに、ともに志を立てるべき人がいる。

ともに志を立てるべき人のなかに、ともに臨機応変の対処をすることのできる人がいる。


（子罕第九31）

098

立派な志でなくてもいい

孔子が弟子たちに志望を尋ねた。三人の弟子が、それぞれ政治や学問に関して志望を述べた後、曾皙という弟子に孔子は声をかけた。

「曾皙よ。君はどうだ」と声をかけられて、彼はこう答えた。

「三人のような立派なことではありません」

「それは気にしなくてもいい。自分の志を言うだけでいいんだ」

曾皙は言った。

「春の暮れに、春服を着て、若者五、六人と童子六、七人を従え、沂水のほとりに遊び、雨乞いの舞の行われる台地まで散歩し、歌いながら帰って来たいと思います」

孔子は、ああ、と感嘆して言った。

「私は曾皙に賛成だな」

（先進第十一 26）

仁とは何か 1

顔淵が仁について孔子に尋ねた。

孔子は答えた。「自分自身のありさまを、無意識を含めて反省し、目をそむけたくなるような事実を受け止め、自分のあり方を変える。このような過程を経て、人々との調和によって礼を実現する。これが『克己復礼』だ。これができれば『仁』だ。統治者が一日でも克己復礼するなら、天下の全体が仁になる。仁の実現は、自分自身ですることであって、誰も代わりにやってはくれない」

顔淵が言った。「どうかその秘訣を教えてください」

「礼でないものは、見てはならぬ。礼でないものは、聞いてはならぬ。礼でないものは、言ってはならぬ。礼でないものは、やってはならぬ」

顔淵が言った。「私はつまらない人間に過ぎませんが、そのお言葉に従って生きてまいります」

（顔淵第十二─1）

仁とは何か　2

仲弓が仁について尋ねた。

孔子は答えた。

「門を出て人と交際するときには、大切なお客様に対するようにし、人民を使役して工事などをするときには、大切なお祭りをやるように厳粛に行う。

たとえ命令であっても、自分がやりたくもないことを、人にしてはならない（己の欲せざるところを、人に施すなかれ）。そうすれば国にあっても怨まれることがなく、家にいても怨まれることがない」

仲弓が言った。

「私はつまらない人間に過ぎませんが、そのお言葉に従って生きてまいります」


（顔淵第十二2）

世界はみな兄弟

司馬牛が憂えて言った。

「人はみな兄弟があるのに、私にだけはない」

子夏が言った。

「私はこのように聞いている。『生きるも死ぬも、運次第。富も地位も、天次第』と。君子ならば、人に敬意を払って失礼をせず、恭しくして礼を実現していれば、世界はみな兄弟だ。兄弟がない、などと気に病むことはない」


（顔淵第十二5）

人民の信頼がなくては政治はできない

子貢が「政」について尋ねた。

孔子は答えた。

「食料を十分に、軍備を十分にして、人民が政府を信頼するようにする、ということだ」

「どうしてもやむを得ず、この三つのうちどれかを捨てるとしたら、どれでしょうか？」

「軍備を十分にするのをあきらめる」

「どうしてもやむを得ず、残る二つのうちどちらかを捨てるとしたら、どちらでしょうか？」

「食料を十分にするのをあきらめる。誰でも、結局は死ぬ。しかし人民に信頼がなければ、そもそも社会は立ちゆかなくなるのだ。その災厄は食料の欠乏よりも危険だ」

（顔淵第十二7）

君子は人を成長させる

君子は、他人のすばらしさを引き出して成長させ、そのいやらしさが出て増長しないようにする。
小人はこれの逆をする。

（顔淵第十二16）

君子は風、小人は草

季康子が政治のことを孔子に尋ねた。

「もし道に外れた者を殺して、道に従う者を登用すればどうだろうか」

孔子は答えた。

「あなたが政治をなさるのに、どうして殺したりする必要がありましょうか。あなたが善を欲すれば、民は善となります。君子と民衆との関係の本質は、風と草と同じです。風が吹けば草はなびくのです」


（顔淵第十二19）

友に対してすべきこと

子貢が友について尋ねた。

孔子は答えた。

「自らの心のままに感ずるところを相手に告げて、自分が善いと考えるところに従って相手を導く。これが友だちとしてすべきことだ。

しかし、そうしても聞き入れなければ、それ以上はやるべきではない。

無理に自分の考えを相手に押し付けたりすると、結局は自分が傷つくことになる」


（顔淵第十二23）

VII

正直者とは

子路篇より

才能ある人を見出す方法

仲弓が季氏の重臣となったとき、孔子に政治について尋ねた。

孔子は答えた。

「なによりも人事を優先しなさい。小さな過ちをあげつらうのではなく、才能ある人を見出して推挙すべきだ」

仲弓はさらに尋ねた。

「才能ある人を見出すにはどうすればよいでしょうか?」

孔子は答えた。

「自分が知っている人を推挙すればいい。そうすれば、お前の知らない人を、人々が捨ててはおかず、教えてくれるだろう」


(子路第十三2)

政治は名を正すことから始まる 1

子路が尋ねた。

「危機に瀕している衛国の君主が、先生をお迎えして、政治なさることになったとしましょう。先生はどこから手をつけますか？」

孔子は答えた。

「名を正すことからだね」

「そんな悠長なことをしていていいのでしょうか。先生は本当に遠回りしますね。どうしてまた、名を正すのですか？」


（子路第十三3―1）

政治は名を正すことから始まる　2

孔子は言った。

「子路、お前は言うことが乱暴でいけないな。君子というものは、自分のよくわかっていないことには口をつつしむものだ。

名が正しくなければ、言葉が現実の事態に順応しなくなる。言葉が事態に順応していなければ、人々は事実を認識できなくなるので、当然ながら、仕事はうまくいかなくなる」

（子路第十三3－2）

政治は名を正すことから始まる　3

「仕事がうまくいかなければ、人々の関係はおかしくなって、コミュニケーションが狂ってくる。そうなれば、どんな行事をやっても、つまらなくなる。そんな状態では、皆は保身に走り、本当のことを口にしなくなる。それでは誰が悪事を働いて、誰が正しいことをしているのか、さっぱりわからなくなる」

（子路第十三3―3）

正直者とは

110

政治は名を正すことから始まる　4

「そうなると、正しいフリをしている者が正しいとされるようになり、刑罰が当を得ないようになる。刑罰が当を得なければ、民は、いつ自分が陥れられるかわからないと感じるようになり、不安でどう行動していいかわからなくなる。こうなっては、組織も社会もおしまいなのだ」

（子路第十三3－4）

政治は名を正すことから始まる　5

「したがって、君子はものごとにふさわしい名を与え、どんな圧力にも屈せず、その言葉を必ず口にすべきなのだ。これを言葉にすれば、必ず事態が好転し、あるべきことが実現するものだ。君子は、その言葉を、いささかでもいい加減にすることがあってはならない」

（子路第十三3－5）

身を正しくする

その身が正しければ、誰にも何も命令しなくとも、ものごとはうまくいく。
その身が正しくなければ、何を命令しても、誰も従わない。

（子路第十三6）

国を滅ぼす言葉

定公が言った。

「一言で国を滅ぼすというような言葉はありますか？」

孔子が答えた。

「言葉というものはそのようなものではございませんが、それに近いことはあります。どなたかの言われたことですが、

『私は君主たることを楽しんだことがないが、ただ、私の言葉に誰もが服従して、聞かないことがない、ということだけが楽しみだ』と。

君主の言うことが善いことであって、しかも誰もがそれに従う、というなら大変結構です。しかし、もし君主の言うことが善くないことであるのに誰もが服従する、というなら、一言で国を滅ぼす、というのに近いと思います」


（子路第十三15）

急がない、小さな利益を追わない

子夏が莒父《きょほ》という町の長となったので、孔子に政治について尋ねた。

孔子は答えた。

「急ぐな。小さな利益を追うな。急ぐと、かえって達成できない。小さな利益を見てしまうと、大きな事業はできない」

（子路第十三17）

正直者とは

115

正直者とは

葉公が孔子に言った。

「私の村には正直者がおりまして、その父が羊を盗んだのを見て、その子がそれを告発しました」

孔子が言った。

「私の村の正直者は、それとは違っております。父は子をかばって隠し、子は父をかばって隠します。このような自然な感情の作動が、まさに正直ということです」


（子路第十三18）

調和と同調の違い

君子は、人々と調和するが、同調しない。
小人は同調するが、調和しない。

（子路第十三23）

誰から好かれ、誰から嫌われるか

子貢が尋ねた。

「知り合いの誰からも好かれる、というのはどうでしょうか？」

孔子は答えた。

「それではダメだ」

「では、知り合いの誰からも嫌がられる、というのがいいのですか？」

「そんなのもダメだ。

知り合いのうち、善人からは好かれ、不善な者からは嫌がられる、というふうでなければダメだな」


（子路第十三24）

君子への仕え方、小人への仕え方

君子に仕えるのはやさしいが、喜ばせるのはむずかしい。なぜなら君子は、自分に仕える者が己の道を見出して成長しないと、喜ばないからだ。君子が人を使うときには、その人の器量に応じて使う。

小人に仕えるのは厄介だが、喜ばせるのは簡単だ。なぜなら小人を喜ばせるには、道など関係なく、うわべを取りつくろえば十分だからだ。小人が人を使うときにさせることは、保身のための備えばかりだ。

（子路第十三25）

君子は威張らない

君子はゆったりと落ち着いていて、威張らない。小人は威張るばかりで、ゆとりがなく、落ち着かない。

（子路第十三26）

真実を教えよ

人民に真実を教えずに戦いに臨ませるのは、それこそ棄てる、ということだ。

（子路第十三30）

VIII

他人を批判する暇はない

憲問篇より

言葉を柔らかくする

社会が道に従っていれば、危険を承知で正論を述べ、行動も同様にする。社会が道に従っていなければ、危険を承知で行動するが、言葉は柔らかくする。無闇に怖がられたり、嫌われたりするのは逆効果だからだ。

（憲問第十四4）

小人に仁はない

君子であっても仁ではない、という人はいるだろう。
しかし小人だというのに仁であるという人はいない。

（憲問第十四 7）

貧乏をうらまないのはむずかしい

貧乏でいて、それをうらまないでいるのはむずかしい。富んでいて、おごらないでいるのは、それに比べればずっと易しいのだ。

（憲問第十四11）

言うべきことを言え

子路が主君に仕えることについて尋ねた。

孔子は答えた。

「嘘をついてはいけない。そして臆せずに言うべきことを言え」


（憲問第十四 23）

125

君子と小人の方向の違い

君子は、自分の考えを上に到達させる。
小人は、自分の考えを下に押し付ける。

（憲問第十四24）

自分自身のために学べ

古の学ぶ者は、自分自身のために学んだ。知識とはそういうものだ。ところが、今の学ぶ者は、世のため人のために学んでいる。大変な堕落だ。

（憲問第十四25）

127

言葉の歪みが行いの過ちにつながる

君子は、自分の言葉が歪んでしまい、その結果、自らの行いが過つことを恥とする。

（憲問第十四29）

君子の三つの道

孔子が言った。

「君子の道なるものは三つあるが、私はそのどれもできていない。仁者は憂えず。知者は惑わず。勇者は懼《おそ》れず」

子貢が言った。

「念のために言っておくが、これは先生、自らが言われた言葉である」

（憲問第十四30）

他人を批判する暇はない

子貢が他人を批判した。

孔子は言った。

「子貢はずいぶん、賢いのだな。私にはそんな暇はないが」


（憲問第十四 31）

賢いとはどういうことか

だまされないかと心配してあれこれ手を打ったり、信用されないのではないかとあちこち気を配る、というようなセコいことは、賢人のすることではない。

そういったことをしないでゆったりしているというのに、何かあったら真っ先に気がつくというのが、賢いということだ。

（憲問第十四33）

こだわるのが嫌い

微生畝《びせいほ》という隠者が孔子のことを評して言った。「あなたはどうしてそんなに忙しいのですか。結局のところ、いろいろな人に調子を合わせて取り入っているのじゃないですか」と。

孔子はこう答えた。

「調子を合わせて取り入っているというわけではないよ。私は、何かにこだわることが嫌いなのだ」

（憲問第十四34）

能力ではなく徳が誉められる

名馬はその能力を誉められるのではなく、その性質のすばらしさ、つまり徳を誉められるのだ。

（憲問第十四35）

怨みに対しては正直さで報いる

ある人が尋ねた。

「怨みに対して恩徳で報いるというのはどうでしょうか？」

孔子は答えた。

「それは違うでしょうね。怨みに対しては率直な態度で報い、徳に対しては徳をもって報いるのがいいでしょう」


（憲問第十四36）

不可能と知りながら目指す人

子路が城外に出かけて遅くなり、石の門がすでに閉まっていた。その姿を見て門番が言った。

「どちらの方ですか？」

子路が言った。

「孔子の門人です」

門番が言った。

「ああ、出来もしないことを、それと知りながらやっておられる方ですね」

（憲問第十四40）

自分のあり方を問うて改める

子路が君子について尋ねた。

孔子は答えた。

「自分自身のあり方を問うて改め、謙虚になることだ」

「そんなことだけでしょうか？」

「自分のあり方を問うて改め、それによって人にも平安をもたらすことだ」

「そんなことだけでしょうか？」

「自分のあり方を問うて改め、それによって万民に平安をもたらすことだ。

自分のあり方を問うて改め、それによって万民に平安をもたらすことは、
堯舜でさえもなかなかできなくて苦労したことなんだぞ」


（憲問第十四44）

IX

考えない者には教えられない

衛霊公篇より

小人は困窮すると取り乱す

孔子の一行が陳の国にいたとき、食料がなくなってしまった。従者は空腹のあまり立つこともできなくなった。

子路が怒って孔子に会って言った。

「君子もまた、こんなに困窮するものですか？」

孔子は答えた。

「君子も当然、困窮する。ただ小人は困窮すると取り乱し、無茶苦茶するようになる」

（衛霊公第十五2）

一つのことで貫く

孔子が言った。

「子貢よ。お前はもしかしたら、私が多くのことを学んで、それを覚えている者だと思ってはいないか？」

「そうです。違いますか？」

「違う。私は一つのことで貫いて、そこから各々の状況に応じて語っているのだ」

（衛霊公第十五3）

138

何もしないで世を治める

何もしないで世を治め得た者は、舜だな。彼は何をしたか。その身を恭しく謹んで、真南に向かって王座に着いていただけなのだ。

（衛霊公第十五5）

話し合うべきときに話し合う

話し合うべきであるのに話し合わないと、相手は去ってしまう。話し合うべきではないのに話し合うと、言葉尻を取られてしまう。知者は、相手に去られることも、言葉尻を取られることもない。

（衛霊公第十五8）

命を捨てて仁を成す

道に志した士人・学習過程を守りぬく仁の人は、命惜しさに仁を害することはしない。それどころか、我が身を殺す覚悟で仁を成すことさえある。

（衛霊公第十五9）

「自分には関係ないから」は不幸を招く

人が、自分と関係なさそうなことを「自分には関係ないから」とか言って無視していると、必ず、その身とその周囲とに、ロクでもないことが降りかかる。

（衛霊公第十五12）

142

考えない者には教えられない

「これをどうしたらよいのだろう、これをどうしたらよいのだろう」と言わない者をどうしたらよいか、私にはわからない。

（衛霊公第十五16）

143

知識をひけらかすだけの話し合いはダメだ

集まって一日中話しているというのに、意義のある話は何もせず、小賢しい知識をひけらかしてばかりいるというのでは、どうしようもない。

（衛霊公第十五17）

君子が気にすること　1

君子は自分に能がないことを気にするが、他人が自分をわかっていないことなど気にしない。

（衛霊公第十五19）

145

君子が気にすること　2

君子は、自分が生きている間の名声ではなく、死んでからの名声を気にする。

（衛霊公第十五20）

君子は徒党を組まない

君子は矜持が高いが、他人と評価を争うことはせず、多くの仲間がいるが、徒党を組んだりはしない。

（衛霊公第十五22）

自分がやりたくないことを人にやってはならない

子貢が尋ねた。

「一言で、一生行うべきことを表現する言葉はございますか？」

孔子が答えた。

「それは『恕』かな。自分がやりたくもないことを、命令だからとか仕方ないからとかいって、人にやってはならない。それが『恕』だ。（己の欲せざるところを、人に施すなかれ）」


（衛霊公第十五24）

ごまかして切り抜けてもうまくいかない

言葉を巧みにしていろいろとごまかして切り抜けていると、自分の本質が崩れてしまい、徳が乱れる。

小さな問題をしっかりと受け止めて対応しておかないと、大きな事業を混乱に陥れてしまう。

（衛霊公第十五27）

過ちを改めないのが過ち

過ちを犯しながらそれを改めないことを、過ちという。

（衛霊公第十五 30）

考えるだけでなく学べ

私はかつて終日なにも食べないで、夜も寝ないで、ひたすら考えたが、何も益がなかった。学ぶのに及ばなかった。

（衛霊公第十五31）

君子は認識の枠組を刷新できる

君子は表面的な知識の収集はできず、認識の枠組の刷新ができる。
小人は認識の枠組の刷新はできず、表面的な知識の収集ができる。

（衛霊公第十五34）

先生の教えに遠慮するな

仁であるために、先生の教えが障害になるなら、遠慮することはない。教えを無視すればよい。

（衛霊公第十五36）

153

教えられる者の素質は関係ない

真実を教えるか否かが問題であって、教えられる者の素質は関係ない。

（衛霊公第十五 39）

相手に思いが達するように

言葉は、相手に思いが達するのでなければ意味が無い。

（衛霊公第十五41）

X

有益な友だち、有害な友だち

季氏篇、陽貨篇、子張篇、堯曰篇より

有益な友だち、有害な友だち

有益な友だちが三種、有害な友だちが三種ある。
率直な友人、道理のわかる友人、もの知りの友人は有益である。
うまい話を持ってくる友人、善人だが腰抜けの友人、口達者な友人は、有害である。

（季氏第十六4）

有益な楽しみ、有害な楽しみ

有益な楽しみが三種。有害な楽しみが三種ある。

儀礼や音楽を楽しみとし、人の優れた点を話すのを楽しみとし、賢い友人をたくさん持つことを楽しみとするのは、有益である。

好き放題の大騒ぎを楽しみとし、怠け遊ぶことを楽しみとし、酒盛りを楽しみとするのは有害だ。


（季氏第十六5）

九つの大切なこと

君子は九つのことを思う。
ものを視ては、常に細部まで明確に理解しようとする。
ものを聞いては、その本質を考える。
表情は温和にする。
容貌は恭しくと心がける。
言葉を発するに際しては、それを心と一致させる。
人に事《つか》えるには敬意をもってする。
疑わしいことがあれば、本当のところを問う。
忿怒を発するときには、そうしないときに生じる害悪を考えてする。
利得の機会を見ては、それをすることの意義を考える。

（季氏第十六10）

生まれてから身につけることの大切さ

生まれ持った性質は互いに近い。生まれてから身についたことで、人はそれぞれ隔たっていく。

（陽貨第十七2）

学ばなければいけない

仁でありたいと思っていながら、よく学ばなければ、素質が伸びずに草ぼうぼうになって、愚鈍となる。

知を求めながら、よく学ばなければ、素質が伸びずに草ぼうぼうになって、知ったかぶりになる。

言葉と心とを一致させようとしながら、よく学ばなければ、素質が伸びずに草ぼうぼうになって、裏切り者になってしまう。

率直であろうとして、よく学ばなければ、素質が伸びずに草ぼうぼうになって、交友関係が絞られて寂しい人間になる。

勇敢であろうとして、よく学ばなければ、素質が伸びずに草ぼうぼうになって、トラブルメーカーになってしまう。

剛毅たろうとして、よく学ばなければ、素質が伸びずに草ぼうぼうになって、頭がおかしいと思われてしまう。

（陽貨第十七8）

160

目的と手段を取り違えるな

礼だ、礼だ、と言うが、それは儀礼に使う玉や絹布のことなのか。
楽だ、楽だ、と言うが、それは鉦や太鼓のことなのか。

（陽貨第十七11）

善人とされるような人こそ

その場の誰からも善人とされるような人こそが、徳を破壊する賊だ。誰からも善人とされるということは、何かを誤魔化しているからだ。悪い奴からは嫌われなければ、善人とは言えない。

（陽貨第十七13）

おかしな人も古に比べてダメになった

古にも人民には三種類のおかしな人がいたが、今ではどうやら、それさえもすっかりダメになってしまった。

古の「狂」はおおらかであったが、今の「狂」はただ滅茶苦茶だ。

古の「矜《きょう》」はキチンとしていたが、今の「矜」は細かいところで怒り狂う面倒な奴になった。

古の「愚」は率直であったが、今の「愚」は誤魔化すばかりだ。

（陽貨第十七16）

何も言わなくていい

孔子が言った。

「できることなら私は、何も言わないでいたい」

子貢が言った。

「先生がもし何も言わなければ、私たちは何を言ったらいいのでしょうか」

「天が一体、何を言うだろう。それでも四季はめぐり、万物は生長する。

天は何を言うだろうか」


（陽貨第十七19）

164

君子が憎むもの

子貢が尋ねた。

「君子もまた、誰かを憎むことがありますか？」

孔子は答えた。

「憎むことがあるよ。人の悪いことを言い立てる者を憎む。人の下にいながら、上に立つ人に対して根拠なく悪口を言う者を憎む。勇気があるが礼のない者を憎む。徹底して物事を進めるが、道理の通じない者を憎む。そういえば子貢よ。お前も憎むことがあるか？」

子貢が言った。

「人の考えをかすめとって、それを自分の考えだと言う者を憎みます。傲慢なだけなのに、それを勇気だと思い込んでいる者を憎みます。他人の隠し事を暴き立てて、それを立派な行為だと称する者を憎みます」


（陽貨第十七24）

165

女性と小人との関係

女性と小人との関係ほど厄介なものはない。両者の距離が近づくと、小人は急に馴れ馴れしくなる。それで女性が嫌になって距離をとろうとすると、今度は怨む。

（陽貨第十七25）

小人は過ちをとりつくろう

子夏は言った――

小人が過ちを犯すと、必ずとりつくろって、言い逃れをしようとする。

（子張第十九8）

まず信用されてから始める

子夏は言った――

君子は人民に信用されてはじめて、人民を使うことができる。なぜなら、信用できない人に使われると、人民は自分を苦しめる者だと思うからだ。

主君には信用されてはじめて諫言するべきだ。信用されてもいないのに意見を言うと、主君から自分をそしる者だと思われてしまう。


（子張第十九10）

過ちを犯してもごまかさない

子貢は言った――

君子が過ちを犯すのは、日食や月食のようなものだ。過ちを犯してもごまかさないので、人は皆、それを観る。それで君子が改めると、人は皆、立派だと思って仰ぎ観る。

（子張第十九21）

孔子は誰に学んだのか

衛の国の公孫朝が、子貢に尋ねた。

「孔子は誰に学んだのですか」

子貢が言った。

「文王武王の開かれた道は、いまだに消滅しておらず、人々の間にあります。賢者はその大切なものを覚えており、不賢者でもその小さなものを覚えています。

文王武王の道がなくなったのではなく、どこにでもあるのです。先生は誰にでも学ばれます。ですから、別に決まった師匠などはおられないのです」


（子張第十九22）

こんなことがわからないようでは

天命がわからないようでは、君子とはいえない。
礼を知らないようでは、立つことすらできない。
言葉がわからないようであれば、人を知ることができない。

（堯曰第二十5）

超訳論語　革命の言葉　本文対応原文

ここでは主として岩波文庫版の『論語』において金谷治の採用したテキストに従った原文を掲載する。原文のみで、読み下しを入れていないのは、それが解釈と不可分であり、伝統的な読み下しでは、私の解釈と大きく異なったものとなるからである。

とはいえ、私自身の解釈に従った読み下しをするのは、容易ではない。なぜなら読み下しというスタイルそのものが、伝統的解釈と一体として形成されたからである。これだけの量の文章を一貫した形で読み下すためには、まったく新しい読み下しのスタイルを構築する必要があるが、残念ながらそれは私の能力を越えているので、今後の課題としたい。

なお、本文中で一部のみを訳出した章も、原文は全文を掲載している。

学而第一 1 子曰、學而時習之、不亦說乎、有朋自遠方來、不亦樂乎、人不知而不慍、不亦君子乎、

学而第一 2 有子曰、其爲人也、孝弟而好犯上者、鮮矣、不好犯上而好作亂者、未之有也、君子務本、本立而道生、孝弟也者、其爲仁之本與、

学而第一 3 子曰、巧言令色、鮮矣仁、

学而第一 4 曾子曰、吾日三省吾身、爲人謀而不忠乎、與朋友交言而不信乎、傳不習乎、

学而第一 8 子曰、君子不重則不威、學則不固、主忠信、無友不如己者、過則勿憚改、

学而第一 12 有子曰、禮之用和爲貴、先王之道斯爲美、小大由之、有所不行、知和而和、不以禮節之、亦不可行也、

学而第一 13 有子曰、信近於義、言可復也、恭近於禮、遠恥辱也、因不失其親、亦可宗也、

学而第一 16 子曰、不患人之不己知、患己不知也、

※経典釈文のテキスト「患己不知也」に従う。他のテキストは「患己不知人也」

為政第二 4 子曰、吾十有五而志于學、三十而立、四十而不惑、五十而知天命、六十而耳順、七十而從心所欲、不踰矩、

為政第二 11 子曰、溫故而知新、可以爲師矣、

為政第二 12 子曰、君子不器、

為政第二 14 子曰、君子周而不比、小人比而不周、

為政第二15 子曰、學而不思則罔、思而不學則殆、

為政第二16 子曰、攻乎異端、斯害也已矣、

為政第二17 子曰、由、誨女知之乎、知之爲知之、不知爲不知、是知也、

為政第二19 哀公問曰、何爲則民服、孔子對曰、擧直錯諸枉、則民服、擧枉錯諸直、則民不服、

為政第二24 子曰、非其鬼而祭之、諂也、見義不爲、無勇也、

八佾第三3 子曰、人而不仁、如禮何、人而不仁、如樂何、

八佾第三15 子入大廟、每事問、或曰、孰謂鄹人之子知禮乎、入大廟、每事問、子聞之曰、是禮也、

八佾第三21 哀公問社於宰我、宰我對曰、夏后氏以松、殷人以柏、周人以栗、曰、使民戰栗也、子聞之曰、成事不說、遂事不諫、既往不咎、

里仁第四1 子曰、里仁爲美、擇不處仁、焉得知、

里仁第四2 子曰、不仁者不可以久處約、不可以長處樂、仁者安仁、知者利仁、

里仁第四3 子曰、惟仁者能好人、能惡人、

里仁第四4 子曰、苟志於仁矣、無惡也、

里仁第四5 子曰、富與貴、是人之所欲也、不以其道得之、不處也、貧與賤、是人之所惡也、不以其道得之、不去也、君子去仁、惡乎成名、君子無終食閒違仁、造次必於是、顚沛必於是、

里仁第四6 子曰、我未見好仁者、惡不仁者、好仁者無以尙之、惡不仁者其爲仁矣、不使不仁者加乎其身、有能一日用其力於仁矣乎、我未見力不足者、蓋有之矣、我未之見也、

里仁第四7 子曰、人之過也、各於其黨、觀過斯知仁矣、

里仁第四8 子曰、朝聞道、夕死可矣、

里仁第四10 子曰、君子之於天下也、無適也、無莫也、義之與比、

里仁第四12 子曰、放於利而行、多怨、

里仁第四15 子曰、參乎、吾道一以貫之哉、曾子曰、唯、子出、門人問曰、何謂也、曾子曰、夫子之道、忠恕而已矣、

里仁第四16 子曰、君子喩於義、小人喩於利、

里仁第四17 子曰、見賢思齊焉、見不賢而內自省也、

里仁第四22 子曰、古者、言之不出、恥躬之不逮也、

里仁第四23 子曰、以約失之者、鮮矣、

里仁第四24 子曰、君子欲訥於言、而敏於行、

里仁第四25 子曰、德不孤、必有鄰、

里仁第四26 子游曰、事君數斯辱矣、朋友數斯疏矣、

公冶長第五5 或曰、雍也、仁而不佞、子曰、焉用佞、禦人以口給、屢憎於人、不知其仁也、焉用佞也、

公冶長第五12 子貢曰、我不欲人之加諸我也、吾亦欲無加諸人、子曰、賜也、非爾所及也、

公冶長第五13 子貢曰、夫子之文章、可得而聞也、夫子之言性與天道、不可得而聞也已矣、

公冶長第五20 季文子三思而後行、子聞之曰、再思斯可矣、

公冶長第五24 子曰、孰謂微生高直、或乞醯焉、乞諸其鄰而與之、

公冶長第五25 子曰、巧言令色足恭、左丘明恥之、丘亦恥之、匿怨而友其人、左丘明恥之、丘亦恥之、

公冶長第五26 顏淵季路侍、子曰、盍各言爾志、子路曰、願車馬衣輕裘、與朋友共、敝之而無憾、顏淵曰、願無伐善、無施勞、子路曰、願聞子之志、子曰、老者安之、朋友信之、少者懷之、

公冶長第五28 子曰、十室十邑、必有忠信如丘者焉、不如丘之好學也、

雍也第六3 哀公問曰、弟子孰爲好學、孔子對曰、有顏回者、好學、不遷怒、不貳過、不幸短命死矣、今也則亡、未聞好學者也、

雍也第六12 冉求曰、非不說子之道、力不足也、子曰、力不足者、中道而廢、今女畫、

雍也第六15 子曰、孟之反不伐、奔而殿、將入門、策其馬曰、非敢後也、馬不進也、

雍也第六18 子曰、質勝文則野、文勝質則史、文質彬彬、然後君子、

雍也第六19 子曰、人之生也直、罔之生也、幸而免、

雍也第六20 子曰、知之者不如好之者、好之者不如樂之者、

雍也第六23 子曰、知者樂水、仁者樂山、知者動、仁者靜、知者樂、仁者壽、

雍也第六30 子貢曰、如能博施於民、而能濟衆者、何如、可謂仁乎、子曰、何事於仁、必也聖乎、堯

舜其猶病諸、夫仁者己欲立而立人、己欲達而達人、能近取譬、可謂仁之方也已、

述而第七3 子曰、德之不脩也、學之不講也、聞義不能徙也、不善不能改也、是吾憂也、

述而第七6 子曰、志於道、據於德、依於仁、遊於藝、

述而第七15 子曰、飯疏食飲水、曲肱而枕之、樂亦在其中矣、不義而富且貴、於我如浮雲、

述而第七19 子曰、我非生而知之者、好古敏以求之者也、

述而第七21 子曰、我三人行、必得我師焉、擇其善者而從之、其不善者而改之、

述而第七23 子曰、二三子以我爲隱乎、吾無隱乎爾、吾無所行而不與二三子者、是丘也、

述而第七24 子以四教、文行忠信、

述而第七25 子曰、聖人吾不得而見之矣、得見君子者、斯可矣、子曰、善人吾不得而見之矣、得見有恆者、斯可矣、亡而爲有、虛而爲盈、約而爲泰、難乎有恆矣、

述而第七27 子曰、蓋有不知而作之者、我無是也、多聞擇其善者而從之、多見而識之、知之次也、

述而第七29 子曰、仁遠乎哉、我欲仁、斯仁至矣、

述而第七36 子曰、君子坦蕩蕩、小人長戚戚、

泰伯第八2 子曰、恭而無禮則勞、愼而無禮則葸、勇而無禮則亂、直而無禮則絞、君子篤於親、則民興於仁、故舊不遺、則民不偸、

泰伯第八5 曾子曰、以能問於不能、以多問於寡、有若無、實若虛、犯而不校、昔者吾友嘗從事於斯矣、

泰伯第八7 曾子曰、士不可以不弘毅、任重而道遠、仁以爲己任、不亦重乎、死而後已、不亦遠乎、

泰伯第八11 子曰、如有周公之才之美、使驕且吝、其餘不足觀也已矣、

泰伯第八13 子曰、篤信好學、守死善道、危邦不入、亂邦不居、天下有道則見、無道則隱、邦有道、貧且賤焉、恥也、邦無道、富且貴焉、恥也、

泰伯第八14 子曰、不在其位、不謀其政也、

泰伯第八16 子曰、狂而不直、侗而不愿、悾悾而不信、吾不知之矣、

子罕第九4 子絕四、毋意、毋必、毋固、毋我、

子罕第九23 子曰、後生可畏也、焉知來者之不如今也、四十五十而無聞焉、斯亦不足畏也已矣、

子罕第九24 子曰、法語之言、能無從乎、改之爲貴、巽與之言、能無說乎、繹之爲貴、說而不繹、從而不改、吾末如之何也已矣、

子罕第九26 子曰、三軍可奪帥也、匹夫不可奪志也、

子罕第九29 子曰、歲寒、然後知松柏之後彫也、

子罕第九30 子曰、知者不惑、仁者不憂、勇者不懼、

子罕第九31 子曰、可與共學、未可與適道、可與適道、未可與立、可與立、未可與權、

先進第十一26 子路曾皙冉有公西華、侍坐、子曰、以吾一日長乎爾、無吾以也、居則曰、不吾知也、如或知爾則何以哉、子路率爾對曰、千乘之國、攝乎大國之閒、加之以師旅、因之以饑饉、由也爲之、比及三年、可使有勇且知方也、夫子哂之、求爾何如、對曰、方六七十、如五六十、求也爲之、比及三年、可使足民也、如其禮樂、以俟君子、赤爾何如、對曰、非曰能之也、願學焉、宗廟之事、如會同、端章甫、願爲小相焉、點爾何如、鼓瑟希、鏗爾舍瑟而作、對曰、異乎三子者之撰、子曰、何傷乎、亦各言其志也、曰、莫春者春服既成、得冠者五六人童子六七人、浴乎沂、風乎舞雩、詠而歸、夫子喟然歎曰、吾與點也、三子者出、曾皙後、曾皙曰、夫三子者之言何如、子曰、亦各言其志也已矣、曰、夫子何哂由也、子曰、爲國以禮、其言不讓、是故哂之、唯求則非邦也與、安見方六七十如五六十而非邦也者、唯赤則非邦也與、宗廟之事如會同非諸侯如之何、赤也爲之小相、孰能爲之大相、

顏淵第十二1 顏淵問仁、子曰、克己復禮爲仁、一日克己復禮、天下歸仁焉、爲仁由己、而由人乎哉、顏淵曰、請問其目、子曰、非禮勿視、非禮勿聽、非禮勿言、非禮勿動、顏淵曰、回雖不敏、請事斯語矣、

顏淵第十二2 仲弓問仁、子曰、出門如見大賓、使民如承大祭、己所不欲、勿施於人、在邦無怨、在家無怨、仲弓曰、雍雖不敏、請事斯語矣、

顏淵第十二5 司馬牛憂曰、人皆有兄弟、我獨亡、子夏曰、商聞之矣、死生有命、富貴在天、君子敬而無失、與人恭而有禮、四海之內、皆爲兄弟

也、君子何患乎無兄弟也、

顔淵第十二7 子貢問政、子曰、足食足兵、民信之矣、子貢曰、必不得已而去、於斯三者、何先、曰去兵、曰必不得已而去、於斯二者、何先、曰去食、自古皆有死、民無信不立、

顔淵第十二16 子曰、君子成人之美、不成人之惡、小人反是、

顔淵第十二19 季康子問政於孔子、曰、如殺無道以就有道、何如、孔子對曰、子爲政、焉用殺、子欲善而民善矣、君子之德風也、小人之德草也、草上之風必偃、

顔淵第十二23 子貢問友、子曰、忠告而以善道之、不可則止、無自辱焉、

子路第十三2 仲弓爲季氏宰、問政、子曰、先有司、赦小過、擧賢才、曰、焉知賢才而擧之、曰、擧爾所知、爾所不知、人其舍諸、

子路第十三3 子路曰、衛君待子而爲政、子將奚先、子曰、必也正名乎、子路曰、有是哉、子之迂也、奚其正、子曰、野哉由也、君子於其所不知、蓋闕如也、名不正則言不順、言不順則事不成、事不成則禮樂不興、禮樂不興則刑罰不中、刑罰不中則民無所措手足、故君子名之必可言也、言之必可行也、君子於其言、無所苟而已矣、

子路第十三6 子曰、其身正、不令而行、其身不正、雖令不從、

子路第十三15 定公問、一言而可以興邦有諸、孔子對曰、言不可以若是、其幾也、人之言曰、爲君難、爲臣不易、如知爲君之難也、不幾乎一言而興邦乎、曰、一言而可以喪邦有諸、孔子對曰、言不可以若是、其幾也、人之言曰、予無樂乎爲君、唯其言而樂莫予違也、不亦善乎、如不善而莫之違也、不幾乎一言而喪邦乎、

子路第十三17 子夏爲莒父宰、問政、子曰、毋欲速、毋見小利、欲速則不達、見小利則大事不成、

子路第十三18 葉公語孔子曰、吾黨有直躬者、其父攘羊、而子證之、孔子曰、吾黨之直者異於是、父爲子隱、子爲父隱、直在其中矣、

子路第十三23 子曰、君子和而不同、小人同而不和、

子路第十三24 子貢問曰、鄉人皆好之何如、子曰、未可也、鄉人皆惡之何如、子曰、未可也、不如鄉人之善者好之、其不善者惡之也、

子路第十三25 子曰、君子易事而難說也、說之不以道、不說也、及其使人也、器之、小人難事而易說也、說之雖不以道、說也、及其使人也、求備焉、

子路第十三26 子曰、君子泰而不驕、小人驕而不泰、

子路第十三30 子曰、以不敎民戰、是謂棄之、

憲問第十四4 子曰、邦有道危言危行、邦無道危行言孫、

憲問第十四7 子曰、君子而不仁者有矣夫、未有小人而仁者也、

憲問第十四11 子曰、貧而無怨難、富而無驕易、

憲問第十四23 子路問事君、子曰、勿欺也、而犯之、

憲問第十四24 子曰、君子上達、小人下達、

憲問第十四25 子曰、古之學者爲己、今之學者爲人、

憲問第十四29 子曰、君子恥其言而過其行也、

憲問第十四30 子曰、君子道者三、我無能焉、仁者不憂、知者不惑、勇者不懼、子貢曰、夫子自道也、

憲問第十四31 子貢方人、子曰、賜也賢乎哉、夫我則不暇、

憲問第十四33 子曰、不逆詐、不億不信、抑亦先覺者、是賢乎、

憲問第十四34 微生畝謂孔子曰、丘何爲是栖栖者與、無乃爲佞乎、孔子對曰、非敢爲佞也、疾固也、

憲問第十四35 子曰、驥不稱其力、稱其德也、

憲問第十四36 或曰、以德報怨、何如、子曰、何以報德、以直報怨、以德報德、

憲問第十四40 子路宿於石門、晨門曰、奚自、子路曰、自孔氏、曰、是知其不可而爲之者與、

憲問第十四44 子路問君子、子曰、脩己以敬、曰如斯而已乎、曰脩己以安人、曰如斯而已乎、曰脩己以安百姓、脩己以安百姓、堯舜其猶病諸、

衛靈公第十五2 在陳絕糧、從者病莫能興、子路慍見曰、君子亦有窮乎、子曰、君子固窮、小人窮斯濫矣、

衛靈公第十五3 子曰、賜也、女以予爲多學而識之者與、對曰然、非與、曰、非也、予一以貫之、

衛靈公第十五5 子曰、無爲而治者、其舜也與、夫何爲哉、恭己正南面而已矣、

衛靈公第十五8 子曰、可與言而不與之言、失人、不

可與言而與之言、失言、知者不失人、亦不失言、

衛霊公第十五9 子曰、志士仁人、無求生以害仁、有殺身以成仁、

衛霊公第十五12 子曰、人而無遠慮、必有近憂、

衛霊公第十五16 子曰、不曰如之何如之何者、吾末如之何也已矣、

衛霊公第十五17 子曰、羣居終日、言不及義、好行小慧、難矣哉、

衛霊公第十五19 子曰、君子病無能焉、不病人之不己知也、

衛霊公第十五20 子曰、君子疾没世而名不稱焉、

衛霊公第十五22 子曰、君子矜而不争、羣而不黨、

衛霊公第十五24 子貢問曰、有一言而可以終身行之者乎、子曰、其恕乎、己所不欲、勿施於人也、

衛霊公第十五27 子曰、巧言亂徳、小不忍、則亂大謀、

衛霊公第十五30 子曰、過而不改、是謂過矣、

衛霊公第十五31 子曰、吾嘗終日不食、終夜不寢、以思、無益、不如學也、

衛霊公第十五34 子曰、君子不可小知、而可大受也、小人不可大受、而可小知也、

衛霊公第十五36 子曰、當仁不讓於師、

衛霊公第十五39 子曰、有教無類、

衛霊公第十五41 子曰、辭達而已矣、

季氏第十六4 孔子曰、益者三友、損者三友、友直、友諒、友多聞、益矣、友便辟、友善柔、友便佞、損矣、

季氏第十六5 孔子曰、益者三樂、損者三樂、樂節禮樂、樂道人之善、樂多賢友、益矣、樂驕樂、樂佚遊、樂宴樂、損矣、

季氏第十六10 孔子曰、君子有九思、視思明、聽思聰、色思溫、貌思恭、言思忠、事思敬、疑思問、忿思難、見得思義、

陽貨第十七2 子曰、性相近也、習相遠也、

陽貨第十七8 子曰、由女聞六言六蔽矣乎、對曰、未也、居、吾語女、好仁不好學、其蔽也愚、好知不好學、其蔽也蕩、好信不好學、其蔽也賊、好直不好學、其蔽也絞、好勇不好學、其蔽也亂、好剛不好學、其蔽也狂、

陽貨第十七11 子曰、禮云禮云、玉帛云乎哉、樂云樂云、鐘鼓云乎哉、

陽貨第十七13 子曰、鄉原德之賊也、

陽貨第十七16 子曰、古者民有三疾、今也或是之亡也、古之狂也肆、今之狂也蕩、古之矜也廉、今之矜也忿戾、古之愚也直、今之愚也詐而已矣、

陽貨第十七19 子曰、予欲無言、子貢曰、子如不言、則小子何述焉、子曰、天何言哉、四時行焉、百物生焉、天何言哉、

陽貨第十七24 子貢曰、君子亦有惡乎、子曰、有惡、惡稱人之惡者、惡居下流而訕上者、惡勇而無禮者、惡果敢而窒者、曰、賜也亦有惡乎、惡徼以爲知者、惡不孫以爲勇者、惡訐以爲直者、

陽貨第十七25 子曰、唯女子與小人、爲難養也、近之則不孫、遠之則怨、

子張第十九8 子夏曰、小人之過也必文、

子張第十九10 子夏曰、君子信而後勞其民、未信則以爲厲己也、信而後諫、未信則以爲謗己也、

子張第十九21 子貢曰、君子之過也、如日月之蝕焉、過也人皆見之、更也人皆仰之、

子張第十九22 衛公孫朝問於子貢曰、仲尼焉學、子貢曰、文武之道、未墜於地、在人、賢者識其大者、不賢者識其小者、莫不有文武之道焉、夫子焉不學、而亦何常師之有、

堯曰第二十5 孔子曰、不知命、無以爲君子也、不知禮、無以立也、不知言、無以知人也、

超訳論語　革命の言葉　エッセンシャル版

発行日　2016年 9 月30日　第1刷
2016年11月15日　第2刷
Author　安冨歩

Book Designer　カバー　廣田敬一（ニュートラルデザイン）
本文　山田知子（chichols）

Publication　株式会社ディスカヴァー・トゥエンティワン
〒102-0093　東京都千代田区平河町2-16-1
平河町森タワー11F
TEL　03-3237-8321（代表）
FAX　03-3237-8323
http://www.d21.co.jp

Publisher　干場弓子
Editor　藤田浩芳　松石悠

Proofreader + DTP　朝日メディアインターナショナル株式会社
Printing　日経印刷株式会社